감정 물리학_E404

시와반시 기획시인선 034

감정 물리학_E404

박윤우 시집

시와반시

| 차례 |

제1부 감정 물리학_E404

10　　감정 정원
12　　감정 재고 조사
14　　감정의 월간 보고서 051
16　　감정의 월간보고서 058
18　　감정의 월간 보고서 059
20　　감정의 월간 보고서 060
22　　감정의 월간보고서 063
24　　감정공작소 폐업 공지
26　　민원센터
28　　분류불가 항목들
30　　슬픔은 적립되지 않습니다
32　　두 사람 몫의 감정 사용 지침
34　　감정 조미 체계의 위험성 보고
36　　감정 항목은 작성하지 마십시오
39　　감정은 이주하지 않는다
42　　한방 감정학 서설 1

44	한방 감정학 서설 2
46	묵은 카펫에 물 뿌리는 저녁
48	아주 이상하게 좋음
50	벚꽃 항소문
52	벚꽃 감정, 한정 판매 중
54	Ψ의 변명
56	관계대명사를 베란다에 두고 온 저녁이었다
58	서달진 씨, 노랑 모자를 썼다 벗었다

제2부 입 없는 것들의 수다

62	하찮음의 미학
64	못구멍에 대한 참 단순한 생각
67	직진 본능
68	귀소본능 증후군
70	발목
72	낙뢰
74	묘약

76	사과 고르기
78	시멘트
80	모서리
82	좌회전
84	콩나물의 분가
86	미뢰의 시간
88	출구와 무릎 사이
90	콜라병의 자아실험
92	입 없는 것들의 수다
94	출입국관리소 옆 시낭송회
96	환풍기에게 정당을 물어봤더니
98	소 발굽에서 꽃피고
100	설미 이야기
104	검지와 중지 사이
106	장작을 패다가
108	그리운 양밥
111	짐작의 기술

112 방이 되는 법
114 K형의 시론
116 쪽팔림의 민족 기술력
118 변기 물 방향 공청회
121 지구 생물의 머리 받침에 대한 보고
124 '비빔'의 국제어 등록 심사 공동회의
126 컷 없는 생

해설

130 감정 물리학의 정치성 | 박대현

제1부

감정 물리학_E404

감정 정원

감정들 사이를 걷는다

입구엔 저녁무릇과 초본류, 버림받음이 고개를 숙이고 있다 내가 폈는데도, 아무도 봐주지 않아 대낮 바람이 그에게 대답했다 너를 아는 감정이, 아직 한 명 있다

그 옆, 구부정하게 앉은 무심함은 돌풀과 외면성 다년초다 그럴 수도 있지 라는 표정

다치지 않기 위해 말을 잊은 채 살고 있다

모퉁이엔 방언향성 잡초류, 억울함이 향기를 흘리고 있다

줄기마다 근데 왜 나만? 이 적혔고

그 향기는 달빛 아래서야 비로소 이해받는다

덩굴처럼 타인을 흉내 내며 뻗어가는 건 산패초과 모방형 초본, 질투다 나도 예쁘고 싶었어

그 말은 진심이겠지만 향기롭지만은 않다

가장자리에는 눈감초과 속씨풀, 회피가 등을 돌리고 있다

그냥 피곤해서요 사실은 오래된 상처가 뿌리처럼 비껴 자라는 거였다

그리고 정원 중심

선인장과 유령다년초 희망이가 가시 속에서 노란 꽃을 피운다 그의 잎 하나가 내 발끝에 닿는다

말없이 오래 남는 다정이다

나는 오늘, 이 정원에서 감정들의 각기 다른 얼굴을 보았고

그 얼굴들은 모두 나를 알고 있었다

무뚝뚝초, 눈치꽃 같은 것들은 오늘따라 보이지 않았다

감정 재고 조사

그 사람을 보내고 나는 감정 재고를 정리하기 시작했다

입구 쪽에는 그의 말투가 아직 남아 있었고, 안쪽 선반에는 유통기한이 지났지만 폐기하지 못한 다정들이 가득했다 종이박스엔 포장도 뜯지 않은 '그때 하지 못한 말들'이 차곡차곡 쌓여 있었다 아직 택배 송장도 붙어 있는 상태, 깨끗하게 정리된 감정은 하나도 없었다 대부분 포장 불량이거나, 감정 기복에 젖은 흔적이 역력했고, 일부는 아예 무슨 감정인지도 알 수 없는 상태로 혼합되어 있었다 질투인지, 애정인지, 집착인지 알 수 없어서 따로 모아두고 그것들은 그냥 '혼합 감정류'로 임시 분류했다

쓸 것 같았지만 손이 가지 않는 감정들도 있었다 '보고 싶다' 같은 표현은 아직 유효한 듯 보여도, 이미

상대방은 그 말을 받아 적재할 창고가 없는 상태다 '사과'는 유통기한이 지난 지 오래고, '기다림'은 창고 바닥에서 습기를 먹은 체 굳어버렸다 '미안해'라는 품목은 수량은 많은데, 언제 쓸 수 있을지 몰라 그대로 포장했다 재고 조사를 마친 나는 깨달았다

 사랑이 끝났다는 건 감정이 사라졌다는 뜻이 아니라, 감정이 수요를 잃었다는 뜻이라는 걸. 그래서 나는 남은 것들에 라벨을 붙였다

 "불특정 대상 보관용"

 그리고 조용히 창고 문을 닫았다 마음은 아직도 그 창고를 매일 한 번씩 들여다본다

감정의 월간 보고서 051

5월의 감정 포트폴리오엔
초록빛 질투, 소량의 냉소

그리고, 리스크 헤징용 마음 접기 ETF가 실렸다

애정 수익률은 전월 대비 2.1% 하락
이중 고백자의 회수율은 36.4%를 기록했다

하지만 첫눈에 반한 적이 있음 문항엔
여전히 79%가 예라고 대답했다

이번 달도 당신에게 몰빵한 나는
투자가 감정의 선물시장이라 믿었다

연애 원론 1장에는

원금 손실이 발생할 수 있습니다

그러니까

오늘의 감정 시세는
우산은 버려졌고, 시는 남았다

감정의 월간보고서 058

본 감정 계정에서 최근 비인가 접근이 감지되었습니다

유출된 정보는 다음과 같습니다

- 과거 고백 시점 및 대사 일부
- 네가 좋아한다 말한 영화 제목 3편
- 지우지 못한 메시지 초안 2건
- 최근 통화 후 저장된 무음 47초

본 유출 사고는 내가 직접 말하지 않은 감정이 다른 사람의 입을 통해 귀하의 귀에 도달했을 가능성을 포함합니다

"그 사람 너 아직 좋아하던데?"라는 말은, 어쩌면 감정의 사생활 침해일 수 있습니다

현시점 기준, 감정의 주체인 나는 이 사고에 대해

법적 대응 의사가 없으며, 단지 다음과 같이 정리합니다: 어쩌다 보니 새어나간 건 맞고, 돌아오는 방식이 참 야속했다. 본 계정은 현재 비공개 상태로 전환되었으며, 이후 감정 공유는 수동 승인 방식으로 제한됩니다

※ 참고 사항
감정의 백업은 존재하지 않으며, 복구 요청은 접수하지 않습니다. 향후 유출을 막기 위해 감정 전달 시, 입술이 아닌 손글씨 사용을 권장합니다

감정의 월간 보고서 058
이번 달 사고 건수: 1건
사과 건수: 0건
되돌아온 마음: 없음

감정의 월간 보고서 059
―감정의 복사 방지 실패 경고

감정 복사 방지 기능이 일시적으로 해제되었습니다.
문제가 된 문장:

"요즘 너 생각이 자꾸 나"

동일 문장이 3인 이상의 대화 기록에서 동시 확인되었으며
그중 1인은 발신자가 아니었습니다
누군가에게만 건넨 줄 알았던 그 말이
다른 사람의 입에서
조금 다르게, 조금 더 가볍게 복제되어 돌아왔습니다
같은 말을 다른 사람에게 건넬 수 있다는 것
같은 감정이 여러 사람에게 전달될 수 있다는 것
그게 자연스러운 일인지, 배신인지―
아직 정의되지 않았습니다

복사된 감정은 전달 속도는 빠르나 밀도는 현저히 낮아집니다
 한 번 복제된 감정은 다시 고백으로 인정할 수 없으며
 특별함이 사라진 감정은
 혼자 간직하기엔 과하게 맑고 가볍습니다.
 이 감정은 더 이상 "우리만의 것"이 아니며
 이후 사용 시
 감정 진위 여부에 대한 질문을 받을 수 있습니다

 복사 방지 기능은 말 대신 침묵을 택했을 때 자동 활성화됩니다
 오늘의 감정 시세는: "말은 공유되었고,
 마음은 누락되었다"

감정의 월간 보고서 060
―감정의 OTP 인증 만료

당신에게 전송된 이 감정은 인증 기한이 만료되었습니다
원래 계획대로라면
"좋아해"와 함께 6자리 숫자가 발급되었고
그 말이 도착한 순간부터 10분 안에 확인이 필요했으나
읽고도 읽지 않은 척한 당신의 방관으로
이 감정은 인증 실패 처리되었습니다

감정의 OTP는 재발급이 되지 않습니다
왜냐하면, 진심은 1회용이고, 두 번째는 이미 감정이 아니라
기술이기 때문입니다
간혹 오작동으로 사라진 감정이 다시 도착한 것처럼 보일 수 있으나
그건 잔상, 이미 지나간 말의 그늘입니다

감정이 연결되지 않는 동안

내 쪽에서는

심박수 증가, 발화 장애, 의미 없는 새로 고침이 발생했으므로 감정은 다시 보내지 않을 예정입니다

※ 알림

감정의 유효기간은 마음이 열려 있는 시간과 다릅니다.

만약 지금이라도 응답하신다면, 그건 새로운 감정으로 간주됩니다

그 감정은 내게 도착하지 않을 수도 있습니다

오늘의 감정 시세는

확인은 늦었고, 마음은 지나갔다

감정의 월간 보고서 063
−감정 냉동 보관 알림

본 감정은 현재 냉동 보관 중입니다
감정 불안정 상태 지속으로 임시 봉인 조치함

보관 개시는 마지막 전달 실패 시점으로부터 72시간 이후 해당 감정은 저장되었으나 사용되지 않고 접근 시 정서적 통증이 유발될 수 있음이 확인되었습니다

감정의 현재 상태:
✔ 유효 기한 경과
✔ 감정 본체 변형 없음
✔ 해동 시 주의 필요

※ 해당 감정은 더 이상 발화되지 않으며 반복 소환 시 감정 냉각 마비 증후군이 발생할 수 있습니다

감정 냉동 보관 해제 조건:
-이름을 다시 부를 것
-대화를 시작할 것
-혹은, 아무 일 없었던 듯 오래 기다릴 것

이 감정은 지금도 냉동된 채 존재합니다. 무기한 연장 중이며
 폐기 요청 없음
 복구 의사 미확인

※ 시스템은 이 감정의 해동 시점을 예측하지 않습니다
 당신의 마음만이 그 해동 버튼을 쥐고 있습니다

감정공작소 폐업 공지

이곳은 한때
진심을 만들어내던 곳이었습니다
말을 깎고, 숨을 붙이고
기억의 단면에 맞춰 감정을 조립하던 공간이었지요
하지만 이제, 공정은 멈췄습니다
고백은 단가가 맞지 않았고
후회는 재고로 쌓였으며
기다림은 부품 공급이 끊겼습니다
감정 설계팀이 퇴사했고
기억 생산 라인은 노후화되었으며
운영자는 더 이상
새로운 옷을 입고 싶지 않았습니다
이 공작소는 폐업합니다
폐업 공지를 쓰는 이 손끝에
아직 미세한 떨림이 남아 있군요

그건 마지막 잔열이니
이해해 주시길 바랍니다
오늘의 감정 시세는: 가동 중지
감정은 더 이상 생산되지 않지만
잔여 진심은 자동 순환됩니다

민원센터

　슬픔을 신청하러 갔다
　아직 마음에 잔액이 남아 있었고
　정서 통장에선 마이너스 알람이 울리고 있었기 때문에
　뭔가 조금이라도 보조를 받을 수 있을 줄 알았다
　대기표를 뽑고, 순서를 기다리고, 내가 꺼낸 서류는 단 한 장
　"요즘, 그냥 울고 싶습니다―"

　창구 직원은 미간을 찌푸리진 않았지만
　마주 앉기 전부터 거절을 준비하고 있는 눈빛이었다

　"슬픔은 국가 보조 대상이 아닙니다"
　말끝이 공무적이고 정확했다 나는 한 번 더 물었다
　"지속되고 있고요. 소득 활동에 지장이 있습니다

가족 관계나 주변 인간관계에도 영향이 있고요"
직원은 고개를 끄덕이며 말했다

"정신건강 바우처나 감정조절 프로그램 같은
선택지는 있습니다만,
직접적인 슬픔에 대한 현금성 지원은 불가합니다.
또한 해당 감정은 개인의 내부 발생으로 간주되므로
외부 피해 인정이 어렵습니다"

나는 그 말을 반박할 수 없어서, 그냥 물러났다
주변엔 나처럼 서류 한 장 들고 온 이들이 몇 있었다
어떤 이는 사직서처럼 생긴 종이를
또 어떤 이는 시 한 구절이 적힌 손바닥을 보여주었다.
다들 같은 말로 돌아섰다
보조는 어렵답니다. 마음이라서요

분류불가 항목들
―감정물류센터 창고 C, 기록 0409호

사랑이 떠난 뒤 우리는 감정을 분류했다
기억은 '회상'으로 서운함은 '폐기, 혹은 대기'로
미련은 '재활용 불가' 스티커를 붙였다
그러나 문제는 어디에도 들어가지 않는 것들이었다
 도무지 감정인지, 습관인지 모를 말투 머리맡에 남겨진 향수 반 병 침묵 후에 오히려 또렷해진 이름 하나
 우리는 그 항목들을 '분류불가' 박스에 넣고 형광펜으로 표시했다

FRAGILE: Emotional Debris

어떤 날은 그 박스를 다시 열었다 사랑을 버린 게 아니라 사랑 이후를 어디에 둘지 몰랐던 거라고 스스

로에게 설명했다

  이별은 끝이 아니었고 감정은 폐기가 아니었으며 남은 것들은 무해하지도, 무의미하지도 않았다 그래서 우리는 그 박스를 창고 맨 안쪽에 아무도 찾지 않지만 누구나 알고 있는 자리에 조심히 밀어 넣었다 그리고 문을 닫았다
  비밀번호는 그 사람의 생일이었다

슬픔은 적립되지 않습니다

감정 카드를 긁었다
오늘도 울컥 어제도 울컥, 울컥
지지난주엔 거의 폭우였지
그래서 물었다
이만큼 슬펐으니
포인트는 얼마나 쌓였나요
창구 직원이 말했다
슬픔은 적립되지 않습니다
기쁨은 행사 중이고
눈물은 한정기간 사용 가능하며
분노는 괄호 안에 등록되었습니다
그럼 나는 뭘 쌓아왔죠?
이 무릎,
이 한숨,
이 말 끝에 맺힌 저 보풀 같은 것들은?

그건 보상이 아니라 기록입니다
라고 했다
적립은 되지 않지만
증명은 남아 있다고
나는 감정 없는 영수증을 받았다
내 슬픔의
무적립 내역서
그건, 무이자 할부였다

두 사람 몫의 감정 사용 지침

침묵은 반으로 나눌 수 없다

대부분의 경우
한 사람이 모두 떠안고
다른 한 사람은 모른 척 지나친다

침묵은 되도록 말이
마지막으로 앉았던 자리에 앉혀두어야 한다
거실 가장자리나 식탁 모퉁이
함께 앉았던 소파 쿠션의 옆자리, 그쯤이 적당하다

사용 전 반드시 확인해야 한다
이 침묵이 아직 따뜻한 감정을 담고 있는지
아니면 식은 원망이 묻어 있는지
문득 떠오르는 말은 입 밖으로 내지 않는다

특히

"잘 지내?"
"우리 그때…"
같은 문장은 침묵을 망가뜨린다

오래된 침묵은 누군가 먼저 버려야 한다
 그러나 대부분의 사람은 그걸 들고 오래 앓다 결국 시 같은 걸로 적는다

침묵의 무게는 소리보다 오래 남는다
한 사람이 아니라
두 사람 몫의 침묵이라는 것을 잊어서는 안 된다

감정 조미 체계의 위험성 보고

지구인들이 "짬뽕 국물엔 무조건 단무지"라고 말하자 외계 대표 '브르크롤프'가 물었다

왜 단무지는 따로 있고, 그걸 먹으면서도 짬뽕은 더 매워지는가?

그 질문에 지구 대표는 그건 정서적 해독제다라고 답했다

회의장은 술렁였다

그러자 또 다른 외계 대표 '꾸루웅미나'가 감정과 음식이 동시에 자극되는 행위는 우리 별에선 금지된 것이라며 경고했다

이어진 브리핑에서 한국 대표는

곰탕에 소금은 정서마다 다르다며 국물이 하얗다고 감정까지 순한 건 아니지 않습니까라고 했다 그 순간 외계 대표단은 전체적으로 침묵했다

지구인들이 뜨거운 국물에 해장도 하고 사랑도 하

고 이별도 하곤 한다는 보고가 접수되자 우주의학 위원회는 지구를 다감성 과포화 행성으로 지정했다

  이날 회의에서 감정의 조미 행위 금지 요청안이 발의됐지만 지구 측은 그럼 김치찌개를 무엇으로 끓입니까라며 가볍게 거부했다

  결론 없이 회의는 휴정되었고 마지막에 남은 보고서 제목은 이랬다

  지구 생명체는 미각을 핑계로 마음을 자주 데운다

감정 항목은 작성하지 마십시오

성장 과정은 너무 극적이면 안 됩니다
부모님의 직업은 되도록 평범하고
어려움 속에서도 포기하지 않았다는 문장을
꼭 한 행 정도 포함해 주세요
슬펐던 시절은 감동이 아니라 부담으로 간주되므로
희망이 아닌 끈기로 포장되어야 합니다
성격의 단점 역시 마찬가집니다
예를 들어 고집이 있음은 탈락 사유가 될 수 있지만
고집이 있으나 책임감으로 이어집니다
라고 하면 무난하게 통과됩니다
중요한 건, 당신의 단점조차 회사에
도움이 되는 것으로 보이게 써야 한다는 겁니다
지원 동기는 되도록 조직 친화적으로 작성해 주세요

실제 사유가 생계, 방향 상실, 인간관계 도피였더라도

"회사의 비전에 공감하여"라는 말로 정리하셔야 합니다

당신의 절박함은 평가 항목이 아닙니다

자기소개서에는 감정이 금지되어 있습니다

감탄사, 감정 동사, 비유적 표현은 과장된 자기표현으로 간주되어 감점 처리되며,

울거나 떨리거나 망설이는 문장은 자동 서식 오류로 분류됩니다

A4 한 장에 인생을 요약할 수 있어야 합니다

너무 짧으면 준비 부족, 너무 길면 눈치 없음으로 간주됩니다

당신의 경험은 흥미로울 수 있으나 담당자는 시간이 없습니다

감정의 밀도보다 편집 능력이 더 중요합니다

마지막으로, 감정이 담긴 문장은 PDF로 변환해 주세요

수정 가능한 감정은 신뢰받지 못합니다

당신의 인생이 꽤 훌륭하더라도 A4가 보기에

조금 넘칠 수 있음을 명심하십시오

감정은 이주하지 않는다
−Z43 보고서

기록자: 비정서 계열 감정처리단 제7구역 감청지기
코드명:　　L.O.M.
관찰대상: 제4우주 이주민 그룹
　　　　　지구 → 경량복사형 행성 신체 이주자
관찰기간: 지구기준 1,000일 전, 체류 후 127일 경과

감정은 이식되지 않았다 이론상, 감정은 반응성 호르몬의 결합 또는 기억과 연결된 잔류 진동으로 추정되어 왔다 우리는 감정을 이주 전 신체에서 추출하려 했고, 디지털화된 상태로 저장하여 이식 가능한 코드로 처리하려 했다 *그러나 감성은 전송되지 않았다*

이주민들은 새로운 행성에서 기능적으로 적응했다 물리적 동작, 언어, 호흡, 광합성 대사 모두 성공적이었다 하지만 그들은 밤마다 꿈을 꿨다 잊지 못한 이의

이름을 중얼거리고 의미 없는 사물에 오래 시선을 두며 무의미한 방향을 향해 자주 걸었다 27일째, 한 대상자가 "잘 지내"라고 말했다 그 말에는 상대가 없었다 그러나 감응기가 미세한 파동을 감지했다 그 파동은 이전 행성의 바람 주파수와 거의 일치했다 우리는 그 현상을 '감정의 분자적 자가 복제'라 명명했다 감정은 전송되지 않았지만, 내부에서 자라나고 있었다

후속 관찰에서 다수의 대상자가 '사랑' '괜찮다' '그립다'는 단어를 알 수 없는 억양으로 반복 발화하였다 발화자의 체온은 낮았고, 발화 속도는 일정하지 않았으며, 음파는 손 떨림과 동기화되어 있었다 분명히, 감정은 없다 그러나 그들은 감정처럼 행동했다

421일째, 감정 처리 단 요원 한 명이 침묵에 감염

되었다 그는 보고서를 중단하고, 한참 동안 아무 말도 하지 않았다 우리는 그를 격려하려 했으나, 그가 마지막으로 남긴 말은 다음과 같았다 "나는 그 단어들을 이해하지 못합니다. 하지만 그 단어들을 들으면… 말이 느려집니다" 그는 침묵 이후, 두 번 웃었다 그리고 울었다

최종 판단: 감정은 이주하지 않는다 그러나 감정은 전염된다
그들은 떠났고, 감정은 그들을 떠나지 않았다

한방 감정학 서설 1

울컥함은 간肝에서 난다
억울함이 쌓이면 눈이 탁해진다 서
운함은 위胃로 내려가
소화를 막는다
심장은 놀람을 싫어하고
신장은 공포에 젖는다
그래서 뜨거운 말 한마디에도
허리가 서늘해진다
기쁨은 허파에 가볍게 앉고
슬픔은 그 아래로 미끄러져
장 속에서 삭힌다
그래서 그리움은 자꾸
속을 더부룩하게 한다
감정은 기氣를 따라 움직이고
기운은 피血를 데리고 다닌다

그러므로 화를 오래 품으면

입술이 텁텁해지고,

사랑을 오래 앓으면

맥이 흐트러진다

한방 감정학 서설 2

슬픔이란,

눈에서 흘러나오는 물이 아니라

간헐적으로 명치를 눌러오는 복부팽만 같은 것

처음엔 그저 더부룩하다

조금 지나면

트림이 안 나오고

방귀도 안 나오고

그저 조용히 부풀어 오른다

동의보감에 따르면

담痰은 기가 울체되어 생기는 점액이고

적積은 오래 쌓인 덩이 감정이다

그러니까

슬픔은 감정이 아니라

습기다 온몸에 천천히 스며들고

장과 위를 타고 기억이 머무는 자리에 달라붙는다

"그거, 담적이에요."

그 한마디 듣는 순간

몸이 먼저, 마음을 꺼낼 준비를 한다

그래서 슬픔은

눈보다 위장이 먼저 알아채고

이유도 없는데 밥맛이 없고

아는 사람 목소리에도 트림이 나오고

밤에 눕기 무섭게 등줄기 아래로 식은 기운이 내려간다

그땐 침보다

따뜻한 말 한 줌이 필요하다

"그거, 담적이에요"

누군가 이렇게 말해주는 순간

몸이 마음을 꺼내 펼치기 시작한다

묵은 카펫에 물 뿌리는 저녁

그날 저녁,
우리는 오래 묵은 카펫에
물을 뿌렸다

감정들이 젖었고
때마침 저물어가던 빛이
올과 올 사이
침묵의 결을 따라 번져나갔다

물은 말보다 정직해서
감췄던 얼룩을 숨기지 않고 부풀렸고
카펫의 젖은 올들은
그간에 겪은 사연을
자근자근, 발바닥의 지문에 묻어
흘러나왔다

누가 먼저 울었는지 모르겠다
그 울음소리는
터지고 만 묵은 소리
실밥 뒤엉킨 바닥이 아니라
우리가 쏟은 발자국과 발바닥의 지문들―
올 사이에 스민
우리 각자의 무게였다

아주 이상하게 좋음

구체적인 이유는 없다

딱히 좋다고 말하긴 애매하다

그냥, 아주 이상하게 좋다

날씨 때문도, 기분 때문도 아니고

누가 뭘 해준 것도 아니다

커서가 깜빡이고

뭔가 쓰는 척하다가

문장이 되기 전에

기분이 먼저 도착했다

햇빛 한 줄

밥 냄새

버스 창에 기대던 이마 자리가

아직 따뜻한 것 같고

딱히 아무 일도 없는데

그냥 괜찮다

그래서 좋다
좋다는 말이
조금 무섭게 들리기 시작할 때
그게 외로움인가 싶다
그래 지금은
괜찮은 척이 아니라
진짜 괜찮은 듯한 기분으로
가만히 있는 중이다

벚꽃 항소문

존경하는 봄철 정서 법정 귀중

나는 죄가 없다
나는 다만,
꽃으로 태어났을 뿐이고
피는 시기를 스스로 결정할 수 없었다

나는 언제나
햇빛의 요청에 순응했고
비의 윽박에 꺾였으며
사람들이 다녀간 자리에 남겨지곤 했다

나는 사랑을 약속하지 않았다
다만 풍경으로 서 있었을 뿐이다 나는 웃지 않았다
그들이 웃을 뿐이었다
예쁨에 무슨 죄가 있는가

유죄라면 그건

기억 속에 남는 풍경이 현실보다 나았기 때문 아닐까?

나는 이 판결에 항소한다

아무 이유도 없이 한 계절을 책임지라는 건

너무 가혹하지 않은가!

벚꽃 드림

벚꽃 감정, 한정 판매 중

봄마다 나는 발행된다

감정의 NFT

되돌릴 수 없는 정서의 스마트 계약으로

최초 발행자는 계절이며

1차 상장은 석촌호수 벚꽃길

그날 오후 3시 반쯤

유모차와 셀카봉이 동시에 등장할 무렵이다

이 계약은 '하이퍼정서 유동성 모델'로 설계되었고

거래소는 인스타그램이며

검증자는 미네르바 감정경제연구소 소장

존 J. 블룸필드 교수와

'감성총량지수(GCI)'를 만든 기무라 루미 박사다

나는 '감동받은 척'이라는 지갑에 이체되고

벚꽃 풍경 사진 한 장은

정서 파생상품 시장에서

4월 한정 테마주로 변동성을 키울 거랬다
꽃은 항상 피기 전엔 저평가되고
지기 직전에 고점에 도달한다
(세계 3대 감정 옵션 학회, 공식 정서 리포트 중)
나는 피기 전에 팔렸고, 지기 전엔 잊혔다
석촌호 호숫가 벤치 위에서
누군가 나를 소유했다고 착각하며 마음이 뭉클했었다
라고 기록했다
하지만 계약서엔 이 문장만 남는다
감정의 원본은 보장하지 않는다

Ψ의 변명

―파동함수의 자기 고백

나는 존재하지 않았다

단지 존재할 확률로 퍼져 있었다

어디 있는지 묻지 말라

그건 관측이 만든 환상이다

나는 여기와 거기 사이

이후와 이전 사이

너와 너 아닌 것 사이에 흘러 있었다

그대가 나를 들여다본 순간

나는 무너진다

모든 가능성의 물결이 단 하나의 입자로 붕괴된다

그대는 "나를 보았다"라고 말하지만

그건 나의 죽은 순간이다

살아 있는 나는

보이지 않는 쪽이다

나는 확정되기를 거부한다

나는 항상 '아직'이다
나는 완성되지 않은 문장이고
끝나지 않은 음악이며
그대가 생각하려다 멈춘 사유다
나는 '존재한다'가 아니라
나는 '존재할 수 있다'다
가능성이라는 바다 위에
나는 오직
물결의 형태로만 머물 수 있다
그대는 나를 입자라 부르지만
나는 사실
믿음과 불확실성의 이름으로
출현한 시詩였다

관계대명사를 베란다에 두고 온 저녁이었다

해가 지고 있어! 내가 말했다

센트라스 103동과 104동은 쉬어 자세였다 너는 어두워지는 골목 쪽을 바라본다

인덕원사우나 흡연실에는 고무줄에 매달린 라이터가 있다 허리째 묶인 일회용 라이터, 가스가 진작 바닥났다는 걸 너는 모를 거다

우리말에는 왜 관계대명사가 없을까? 이건 네게 물어보려다 그만둔 가벼운 질문

무심코 주머니를 뒤지는 내게 들어갈래! 툭 던진 네가 방으로 들어간다
센트라스 103동과 104동은 아직도 쉬어 자세다

누군가의 설마, 누군가의 우두커니, 또
누군가의 차라리
라이터를 켰다 껐다 하던 내가 뜨거운 척 손바닥
을 비빈다

해가 졌어! 내가 말했다

관계대명사를 베란다에 두고 온 저녁이었다

서달진 씨,
노랑 모자를 썼다 벗었다

송파구 어딘가에서
노랑 모자를 썼다 벗었다, 벗었다 썼다 하는
서달진 씨를 찾습니다
그는 모자로 자신을 확인합니다
모자 속 어딘가 이름이나
집 주소쯤 있을 것 같아 그런 걸까요

키 160cm에, 몸무게 60kg
미색 와이셔츠에 회색 줄무늬 바지
운동화는 흴 수도 검을 수도 있습니다
걷다가 힘이 들면 맨바닥에
그냥 앉거나 누워 있을 수도 있습니다
부르면 돌아보기는 합니다만 그저
웃을 뿐 그게 다입니다

모자는 그에게 세상을 추스르는 방식입니다
연락 주실 번호는 010-2211-3777
혹은 112. 서울경찰청입니다

또 다른 서달진 씨에게 모자를 건넸을지도 모릅니다
모자 안 쓴 서달진 씨를 찾습니다

제2부

입 없는 것들의 수다

하찮음의 미학

아, 하찮음의 미학이라니
이 얼마나 우아하게 쓸모없는, 그래서
더더욱 눈부신 특권인가
발톱에 매달린 먼지 한 톨의 결기, 혹은 궐기
컵라면 뚜껑 위의 먹다만 단무지, 그 도발적인 습도
길고양이가 훔쳐보는 내 낮잠
이런 것들이야말로 삶의 무대 뒤에서 저질러지는
 작고 조용한, 그러나 위대한 비상구들이 아니겠는가
그대와 나는 진작부터 별일 없다는 말을
별처럼 반짝이게 만드는 일로 다투던 사람이었다
아무것도 아닌 것을 유심히 바라보는 능력으로
 세상의 균열을 슬며시 엿보는 사치를 한참 더 누려보자
 나 말고도 힘든 사람 손 들어봐!

누가 벽에 그런 낙서를 남겨놨는지 들여다보다가
낙서 옆에 무심히 놓인 돌멩이며 풀잎에게
너는 빨래집게, 너는 빨래집게에 찝힌 5월
너는 5월의 말린 속옷 냄새, 이름을 지어주는 일
하찮아서 숭고한, 그런 놀이를 허락받는 것
그게 바로 살아 있음의 보증서가 아니겠나
농담, 그거야말로 보증서에 찍은 스탬프일 테고
가볍게, 그러나 결코 가볍지만은 않게
그러니 한 번 더 외쳐보자
"나는 하찮음을 사랑할 권리가 있다! 그리고 그 말 뒤엔
  반드시 당신의 웃음이 따라야 한다
  킬킬, 혹은 크크크, 아니면
  헐…"

못구멍에 대한 참 단순한 생각

벽이 못을 좀처럼 놔주지 않는다

못대가리 떨어진 못은 그냥 못대가리 떨어진 못, 무두못은 돌아 나올 계획이 없는 못이다 그러니까 애초부터 못구멍을 거느리지 않는다

사람들이 왜 못을 치고 사는지, 왜 뽑은 자리를 메우는지, 사람도 과연 못구멍임에 틀림없는데 왜 못구멍과의 내통을 꺼려하는지, 벽이 모르므로 못구멍이 알 리 없다

뚫는 기분을 뚫리는 이가 모르고, 뚫리는 기분을 뚫는 이는 알지 못한다

오래전부터 자기가 못구멍이었음을 기억하는 이는 알 것이다 못구멍도 상처처럼, 챙기기 버거운 세간의

일종이란 것을

 이사 나간 방은 밤이 더 깊다 그런 밤에 무슨 이슥한 소리가 들린다 아물지 않아 우는 못구멍 소리가 아니라면, 벽이 못구멍을 달래며 우는 소리겠다
 못구멍이 못구멍 속에서 걸어 나와 못질한 이의 잠 속을 돌아다닐지도 모를 일이다

 여기, 두들겨 맞고 까무러친 못대가리가 있다 구멍째 온통 몸인 못구멍, 벽을 앓는 못구멍

 무두못 하나, 나는 왜 머리 없이 태어났을까 두리번거리며 없는 머리를 찾을 때면 못이 벽을 뚫었다기보다는 간절히, 벽이 못을 부축해 일으키는 듯도 싶다

늙은 페인트공이 메움밥을 이겨 못구멍을 메운다

누가 못을 겨누면서, 여기 칠까? 바람벽에 매달려 있다

듣는 이라곤 바람벽뿐이라서, 그의 몸은 온통 못구멍, 못구멍인 채 못구멍을 통과 중이겠다

쾅쾅, 못질소리에 어느 못구멍이 잠을 깨 뒤채고 있다

직진 본능

당근은 말을 아낀다
쭉 뻗은 몸이 입 대신 말한다
굴곡 없는 자 세상의 모든 커브를 무시한다
라는 오해를 받을 때도 있다
하지만 사실 당근은 사춘기 때
한 번 제대로 휘어질 뻔했다
무 밑동에 부딪쳐서다
"길이 아니면 나아가지 마라"
라는 말에
정신이 번쩍 들어
눈물을 당도(糖度)로 바꾸기로 했다
사람들은 단순하게 말한다
"신선하다." 그러나 그의 직진엔
얼마나 많은 굴곡이 숨어있는지
아는 이 외에는 알지 못한다
그날 이후 당근은 얼굴이 붉다

귀소본능 증후군

오늘도 나는 길을 나섰다

바다를 보기로 결심한 건 내 방 천장 몰딩이 내 인생에서 유일하게 선명한 직선 같았기 때문이다

넌 아무것도 정하지 못하잖아 그 말은 몰딩이 한 게 아니었다

십 년 전

내 심장 옆방에 입주한 망설임과

회피의 복합증후군

제3기, 일명 결정장애성 나선형 귀소본능 때문이다

나는 바다에게 정해달라고 갔다

고요한 권위를 기대했지만 바다는 너무 넓고

너무 결정적이었다 나와는 정반대였다

낯선 주차장, 낯선 주차 선에 갇혀 나는 내 마음의 항로를 되짚었다

혹시… 집이 나를 기다리는 건 아닐까? 핑계는 종

종 내 결정보다 빠르다
 결국 나는 우리 옆 동네 가로수만 보고 돌아왔다
 가로수는 말이 없다
 그래서, 결정도 없다
 의사가 말했다
 "이건 심리적 미끄럼틀 환상형 결정회피증입니다
일정 수준 이상으로 발달할 경우 나무에게 인생을 물어보는 시기를 겪게 됩니다"
 나는 지금 가로수에 말을 걸었다
 그는 대답 없이 서 있었다
 그러니까
 아주 훌륭한 대답이었다

발목

지하철에 발목을 두고 내렸다고 썼다

촛불을 밝히고 발목 없는 기도를 한다 며칠 남지 않은 11월의 발목이 감기를 데리고 왔다
발목을 엎지른 설탕이 하얗게 웃었다

발목을 꾹꾹 누르면 벨 소리가 난다 와이파이가 터지지 않는 것은 철판으로 두른 조립식 건물 탓이겠다

두고 내린 것이 휴대폰인 줄도 모르고

여보세요 누가 대답한다면 그건 오류역, 아니 당산역쯤을 통과하는 내 발목이거나 분실물 보관함이 누설한 환한 어둠일 것이다

발목이 휴대폰이 되거나 휴대폰이 발목이 된다 해

도, 아무 일도 일어나지 않는데 무슨 일이 자꾸 일어난다 해도

   오늘은 수요일, 수요일의 발목이 발목처럼 젖는다 밤부터 눈이 되어 내릴 거라 했다

   하루의 급소는 저녁이라고 썼다 지우고, 발목이 저녁의 급소라고 썼다 또 지운다 빈방처럼 누웠다가 베란다로 나가 어둑어둑 건너편이 된다

   사람은 떠나도 휴대폰은 남는다 두고 내린 발목처럼
   길이 미끄러우니 조심하시라는 아나운서의 멘트에 인대가 늘어난 골목이 폭죽처럼 터진다

   눈을 뜨면 또 어제겠다 와이파이가 터지지 않았으므로

낙뢰

한의원 젊은 교정사가
내 목덜미를 양손으로 감싸 안고 말했다
"힘 빼세요"
다시, "힘… 빼세요"
그 순간
나는 나를 놓아버렸다
목을 타고 번개처럼 어떤 서슬이 지나갔다
쾅―도 아니고
지직―도 아니고
그 소리는
내 살이 처음으로 말한 듯한 소리였다
목이 비명을 꺼냈다
말보다 먼저 울리는 살의 문장
그건 아픔이 아니라
굳은 기억 하나가 뽑히는 소리였다

나는 안다

벼락은 멀리서 오는 것이 아니라

내 안에서 커지는 것이라는 걸

그날 이후

내 목은 오른쪽으로 다섯 도쯤 더 돌아간다

바라보지 못했던 것을

조금 더 볼 수 있게 되었다

내일 또 내가 해야 할 일은 힘을 빼는 일

그리고 잊고 지냈던 방향으로

고개를 돌려보는 일

말은 가끔

뼈보다 늦게 움직인다

그러니 이 통증은

회복이 아니라 대화의 시작이다

묘약

말끝이 시로 굴절되면
우리는 치료를 권하지 않는다
웃다 울면, 라프카다린정 한 알
심장엔 '아이고야'라는 됴고약 한 장
싱거운 농담엔 싱거놀 캡슐
공기 반, 웃음 반, 눈물 소량
울컥하면 비꽃주사
주사 맞은 자리는 벤치로 바뀐다
허전한 다리엔 반바지 펄럭 겔
바람이 처방이다
옛 노래 맴도는 날엔 피아프린 시럽
말은 묽어지고, 발목이 날아간다
이 병은 고쳐지지 않는다
마음이 부풀면 삼키고
삼키기 싫으면 앉고

앉기 싫으면 그냥 선 채 웃는다
감정이란 원래
처방이 아닌, 부작용으로 자란다
그래서 우리는 시라는 걸 데워 복용한다
감정이 너무 많거나 적을 때
봄 감기처럼
꽃처럼, 꽃의 허리처럼
살짝 벌린 입으로
엉망진창 웃으며

사과 고르기

마트에서 사과를 골랐다
빛나는 것, 단단한 것
이번엔 제대로라고 생각했다

계산대를 지나며
나는 옆 칸의
조금 더 무른 사과를 떠올렸다

왜 그랬을까
내가 쥔 사과가
조용히 내 손에서 체온을 흡수할 때조차
나는 자꾸,
다른 사과의 즙을 상상했다

집에 와서 깎으며

나는 이미 다른 사과를 먹고 있었다
입이 아닌 생각으로

"이건, 후회성 감정과일증입니다"
의사는 말했다
"다음엔 사과 말고 바나나나 참외를 사세요
후회 안 합니다"
뭣하면, 까나리 액젓도 나쁘진 않아요 사는 덴
그런 맛도 한 번쯤은 필요하거든요"

나는 웃었다
하지만 냉장고 안엔 오늘도 반쪽 남은 선택이
조용히 익어가고 있었다

시멘트

시멘트는 원래 돌이었다

이름값 좀 하던 놈, 신전도 되고 묘석으로 버티기도 하고 담벼락으로도 남았다

그러다 어느 날

1,450도짜리 불에 한 번 구워지고선 가루가 되었다

돌가루다 아니, 돌의 유해다

누가 그걸 물에 갠 다음 철근 엮은 거푸집에 들이부었다

"집이다" 선언하자 집이 됐다

프랭크 로이드 라이트가

구겐하임을 나선형으로 틀고 있을 무렵

우리는 한강변에 줄줄이 성냥갑을 접어 앉혔다

그 성냥갑들이 지금 성큼성큼 헐리고 있다

시멘트의 무덤 위에 또 다른 시멘트 무덤을 붓는다

시멘트는 평생 굳는다는데
사람들이 그 안에서 함께 굳는다
웃고, 울고, 참았다가, 터지고 그러다 무너진다
그리고 그 잿빛 가루에 또 물을 붓는다
다시 집이다 다시 사람이다

"나는 몰라" 시침 떼는 한강 옆에 사람들은 같이 흐르고 싶어 한다

시멘트는 사람을 위해 태어났다가 사람에 의해 죽는다
그리고
다시 시멘트가 되어 뻔뻔하게
굳기 시작한다

모서리

방문을 밀면 먼저 입주한 모서리가 쳐다본다

모서리와 동거하다 보면 자꾸 드는 생각이 있다
모서리는 어두울수록 서식밀도가 높다는 거, 어둠을 먹고 자라는 육식동물 같다는 거, 어둠을 水耕栽培한다는 거

가장 어두운 구석에 가장 어두운 모서리가 자라는 건 아니어서
웃으며 출몰하기도 하는 것이 모서리여서
어둠의 동선에 이마를 대여하고 우지끈! 전등불을 켜도
모서리는 명랑하고
의젓하고 또 약진하는 것인데

저녁으로 먹은 두부 반 모, 도합 열두 모서리
지금 내 몸속 어느 어둠 근처를 배회 중

물도 모서리가 있어 급히 마시면 체하듯, 누군가에게는 쌀쌀한 모서리였다 실토하며 창밖 버찌 모서리를 불러 겸상을 청한다

비가 오려나?

웃자란 구름 모서리가 달무리 낭자한 물 언저리에 모서리를 벗어 조심조심 개켜 놓는다

좌회전

우리는 기어코 좌회전으로 만났다
정면에서 다가가는 일은 둘 다 서툴렀기에
 그 사람은 사랑한다는 말을 절대 정면으로 하지 않았다
"밥 먹었어?"
"추운데 왜 안 입고 나갔어"
그건 다 감정의 회전신호였다
나는 그 신호를 읽지 못했다
신호등 없는 교차로처럼 헷갈려 직진을 두려워했다
그리하여 매번 한 바퀴 더 돌았다
그 마음에 도착하기까지 2회전은 기본이었다
나는 묻고 싶었다
왜 당신의 마음은 항상 반대편에서 출발하는가
그 사람은 대답 대신 또 한 바퀴 더 돌았다
그리고 내가 없는 곳에서 비로소 멈췄다

나중에야 알았다

그 사람은 좌회전만 가능한 연애를 하고 있었다는 걸

신호 없는 길에서 혼자 돌다가 결국

방향을 잃었다는 걸

그날 이후 나는 연애를 시작할 때

이 사람이 좌회전 형인지

직진 가능 타입인지

아니면 유턴만 반복하는 사람인지

먼저 도로 표지판처럼 생긴 말버릇을 살핀다

콩나물의 분가

같은 봉지에서 꺼냈다
노란 머리, 투명한 줄기 그리고 꼬리
소금물 속에서 함께 숨죽이다가
한꺼번에 끓었다
펄펄, 무심한 냄비 속에서
서로의 머리와 어깨와 꼬리를 부딪치며
잠깐, 아주 잠깐 국물이 되었다
그리고— 국자가 일렀다
"넌 국으로 가고 넌 무침으로 남아"
식초 몇 방울의 상큼함
참기름 한 스푼의 밀당
한쪽은 따뜻한 무리
한쪽은 차가운 족속으로 귀속된다
한 식탁에 나란히 놓였을 때 서로
눈길은 마주치지 못해도 안다 우린, 한 봉지, 한 냄

비 출신이라는 것을
  그제 저녁이었다
  창문으로 노을이 들어왔고
  나는 콩나물국을 먼저 한 숟갈, 그다음
  콩나물무침을 한 젓가락
  천천히,
  같지만 다른 맛을
  두 번에 나누어 먹었다

미뢰의 시간

나는 단지 고추장 사진을 클릭했을 뿐이다
손바닥 위 화면에서 정확히 7초의 망설임
총알배송―당일 도착

그러나 내 미뢰는 클릭보다 빨랐다
볶음고추장
그 붉은 색깔이 얼핏 뜨는 찰나, 혀 밑
돌기들이 일제히 궐기했고 침샘은 이미 가동을 시작했다

고추장은 아직 입 밖에 있다
항변했지만 내 신경계는 나를 믿지 않았다
시상은 벌써
소금과 캡사이신의 설계도를 펴 들었고
대뇌피질은 상상의 감칠맛을 복제하기 시작했다

기억이 큰 술로 밥상을 차렸다
말라버린 입천장의 추억을 불에 올리자
침이 내 의사를 무시하고 흘러내린다
이 시점에서 나는
내 몸이 나보다 먼저 나를 원한다는 걸 깨닫는다

맛은 아직 오지 않았는데 나는 이미 삼키고 있다
클릭은 예언이었고
미뢰는 그걸 현실로 실현시킨다

배송 추적을 켜며 나는 다시 한번 느낀다
감각은 언제나 물류보다 빠르다
볶음고추장이 도착할 때까지
나는, 그러니까 허공맛이나 보며 버텨야 한다

출구와 무릎 사이

동대문역사문화공원역
남자 화장실이
왜 2번 출구 바깥으로 나가버렸는지
나는 아직도 알지 못한다

빨래를 널던 날,
고무대야에 남은 반 컵 가량의 물이
내가 화해하지 못한 것들과
비슷한 냄새를 풍겼다

오래된 달력에서 누군가 7월을 뜯어갔다
그 빈칸에는
환승역에서 기다리던 사람이 서 있었다

리터치헤어숍 카운터 뒤 메모판에는

소리 없음 15:30 예약 완료 –

비포 17:00 김○○ 예약 완료 –

첫 번째 날 10:00 (염색) 예약 완료 –

빌 시간 없이 올– 예약 완료

시간과 시간의 틈에

아직 이름 붙이지 못한 감정이 남아 있다

버려진 우산,

손잡이를 거머쥐었을 때

손에 딱 맞던 그 감촉

나는 잠시,

누군가의 삶을 빌려 쓰고 있는 기분이었다

무릎이 또 시큰거린다

계절은 언제나 무릎부터 온다

콜라병의 자아실험

말의 뜻보다 말하는 이의 입모습에 꽂힐 때가 있다

처음 만난 사람의 이름을 그 사람의 얼굴에 겹쳐보며 피식 실소하기도 한다. 그럴 때 나는
아그배나무라 쓰려다가 꽃아그배나무라 고쳐 쓰고 웃는 사람이거나 웃는 사람의 뒷모습이 된다

자다 일어나 콜라병을 들고 창밖을 바라본다
창밖에서도, 자다 일어나 콜라병을 들고 바라보는 나를 콜라병을 들고 마주 바라보는 이가 있다 내가 마시면 따라 마신다
누구세요? 물으면, 창밖에서도 안에 대고 누구세요? 묻는다

내 목구멍은 콜라를, 내 가슴은 펄럭이는 시를 좋

아한다. 펄럭이다 망한 시, 망하려고 펄럭이는 시에 관심이 많다

"시간이 우주고 우주가 나고 내가 시간이다"라고 쓰려다 "시간은 시간이고 우주는 우주고 나는 나다"라고 고쳐 쓴다

나는 사실 아그배나무도, 꽃아그배나무도 본 적 없지만 그 이름 아래 웃는 사람은 종종 본다

입 없는 것들의 수다

숟가락은 매번, 입을 들락거린다
그러나 거기까지다

수세미는
닥치는 대로 문질러 놓고도 기억하기를 귀찮아한다
그게 그의 방식이다

행주는
깨끗해지려다 먼저 더러워진다
그래서일까 늘 외면당한다

김치통은
뚜껑을 닫고도 냄새를 참지 못한다
그러다 결국
속속들이 익어버린다

국자는
하나 가득 푸지만 자기는 먹지도 마시지도 않는다
없는 입으로
식지 않은 말들을 흘릴 뿐

가스레인지는
불이 붙을 때마다 살짝 긴장한다
그 사이
냄새가 도착한다

그리고 모든 입 없는 것들의 수다를
조용히 들어주는 싱크대의 하수구, 그는 오늘도
말없이,
입을 제대로 벌린 채 듣고 있다

출입국관리소 옆 시낭송회

나는 그녀의 사랑을 입국심사대에 올려놓았다
심사관이 말했다

"목적은 무엇입니까?"

나는 대답하지 못했다. 사랑은 체류가 목적이었고
그날 나는 입국도 출국도 아닌 그저 대기 중이었다

작성란: 관계
나는 동거인에 체크했고
그녀는 기타 옆에 작게 하트를 그렸다
공무원은 그걸 지웠다

한때 그 여자는 내 이불 위에서 된소리를 연습했고
나는 그것이 결혼보다 더 깊은 약속이라 생각했다. 그

러나 그녀는 혼인신고서보다 먼저 짐을 꾸렸고 나는 그녀가 남긴 칫솔을 보며 체류기간을 연장해 달라고 속으로 빌었다.

  오늘 그녀는 떠났고
  나는 번호표를 반으로 찢어 시의 뒷면에 붙였다

"감정은 기입 대상이 아닙니다"

  그 문장을 시 제목으로 적고
  나는 처음으로 내 국경 안에서 울었다

환풍기에게 정당을 물어봤더니

환풍기에게 정당을 물어봤다
바람 방향이 바뀌면 뭐가 달라지니?
아니, 방향을 바꿔 볼 생각이 있긴 있냐고
그는 한참을 웽— 하고 돌다가
이렇게 말했다
나는 늘 같은 자리, 같은 방향으로 도는데
왜 인간들은 자꾸 방향을 바꾸지?
그래도 혹시 몰라
왼쪽으로 돌려봤다 오른쪽으로도 돌려봤다
기호 1번 바람, 기호 2번 바람
한 번은 진보 풍, 한 번은 보수 풍
하지만 냄새는 여전했고
기름때는 남았고 소리는 점점 커졌다
바꿔 봐도 별로 낫질 않구나
나는 혼잣말처럼 중얼거렸고

환풍기는 또 한 번
대답처럼 웽- 하고 도는 것이었다

소 발굽에서 꽃피고

입고된 콤바인에서 부사리소 뿔 받는 소리가 난다
실장갑이 오일을 보충하고 나사를 조이다가 마른 빵 봉지를 찢는다

배기가스가 숨통을 트는 농기계 수리점 마당, 바큇살에 숨어 있던 풀씨들이 몸을 뒤집는다

접힌 시간 너머에 목덜미를 앓는 소가 있다
목덜미에 파종기를 걸면 봄
수레를 걸면 추수철인 것
아버지는 소를 아주 잘 수선하는 재주가 있었다

소는 노랫소리에 움직이는 짐승
흥건한 아버지의 구절구절을 소가 쫓았다

시간이 하는 일, 그건 누군가의 서운함을 달래려고 봄을 데려오는 것일까. 콤바인의 바튼 쇳소리에 봄이 도진다

아버지는 봄이 소 발굽 사이로 온다 했다

자장면 배달 스쿠터 한 대가
풀씨들이 염탐하는 논둑길을 이쪽저쪽 면발처럼 구부리고 있다

설미* 이야기

 순남이 어무이가 망개이파리 따러 갔는디 까치독사한테 물려서리, 거지반 죽어간다카이요

 "오랑캐는 오랑캐로, 독은 독으로, 독뱀에게 한 번 더 물려 보시게!"
 자굴산 만신이 돌아앉더니 "월사月蛇가 좋다 카이" 혼잣말인 듯, 한 마디 더 보태더라고

 달무리 너덜겅 넘나들며 개망초 쑥부쟁이 도꼬마리 마른 섶을 헤치며 까치독사를 찾아 나선 순남이 아부지 매운 손속으로 기어코 독사 한 마리를 낚아챘다는 기라
 안 들어가려는 놈을 대나무 대롱에 대가리부터 억지로 욱여넣고 한 달음에 쫓아왔다는디, 짚동처럼 부은 순남이 어무이 장딴지에 대롱 끄트머리를 들이대며

"물어라! 매매 물어 귀한 목심 살리거라! 한 목심이 세 목심이다!"

에멜무지로 얼렀다는 기라 애먼 독사, 까마중만치 새카만 혓바닥을 쉭쉭 거림서 물들 않고 대롱 속으로 자꾸 숨어들어 쌓더라고
 기신도 못하던 순남이어무이, 어디서 그런 힘이 솟구치는지 양 팔을 부지깽이 휘젓듯 함시롱

"순남이아부지, 지발! 나 기냥 뒈져뿔라요!"

물리기도 전에 까무러쳤다나 어쨌다나
 어찌 됐냐고요? 시방 순남이어무이 순남이 동생 머시기까지 낳았다고라 순남이가 동생 자랑하며 이 골목 저 골목 잘만 업고 쏘댕겨쌓는디

그게 다 자굴산 산신령님이 영검靈驗해서라고들, 이이거시기 이독머시기 입방아들 찧지만서도 내사 마 그땐 몬 알아들은 말

순남이랑 동두깨비도 하고
"이거리 저거리 각거리, 동사맹근 두맹근. 올탕졸탕 가물현 뚱땡이 깡"

무릎 깡깡 두들겨 감시롱 놀았는 기라 훗날, 그러니까 내가 열서너 살 먹었을 적, 그 지지바가 지 어무이가 맹근 망개떡을 노나 먹자며 날 불러냈어라
갸한테 손목 잡혀 보리누름 자드락길을 걸었는디, 소풀꽃 한 송이를 꺾어 지 머리에 꽂더니만서도 내 귀에 지 입술을 바짝 들이대고설랑

"아부지가 잡아온 건 까치독사 아니야, 무자치야!"

그카더라 카이, 너불메기**에게 나도 발목 한 번 물린 적이 있긴 있지만서도 그건 까맣게 잊어불고, 귀 안창 간질이는 순남이 입김 땜시 내사 마 정신이 하나도 없었다 카이

망개? 청미래덩굴을 망개나무라 칸다 안카나. 망개 이파리 보고 싶음 거시기 설미 한 번 가볼텨? 망개떡도 묵고, 묵은 말도 한 사발 푸고

* 설미: 의령군 부림면 입산리 소재 설뫼의 지역민 발음
** 너불메기; 유혈목이의 방언

검지와 중지 사이

바른손으로 먹어라
아버지 말씀 따라 나는 바른 손으로 밥을 먹는다

오른손잡이는 글자를 버리면서 쓰고 왼손잡이는 쓸 자리를 내다보며 쓰는 걸 보면 왼손잡이가 미래형이라는 말에 토 달 일은 아닌 것 같다

아내가 왼손잡이용 가위랑 왼손잡이 교정용 젓가락을 사 오라는데 오른손잡이라서인지 찾질 못하겠다

뒤 닦는 손과 밥 먹는 손을 구별하는 사막이 있다고 들었다

오른손을 바른손이라 시던 아버지는 정작 왼손잡이였다

오늘은 아버지를 모시려고 내려쓰는 날, 그 모퉁이에서 왼쪽으로 돌아야 우리 집이 나와요 죽은 아버지에게 연통하는 날이다

정성 들여 마름 한 백면지에 옳은 손으로 신위를 모시고 옳은 손으로 소지하고 옳은 손으로 음복을 한다

오른손으로 밥을 먹고 왼손 검지와 중지 사이 또 한 개비 담배를 끼워 무는 나는 오늘 좌수족, 아니 죄수족이다

장작을 패다가

장작을 팬다는 것은 아궁이의 식습관을 묻는 일, 나무의 속살을 바람에 절이는 일이다 목향木香은 이제 훨씬 불 쪽에 가깝다

장작에도 풀어야 할 매듭이 있다. 튀어 올라 손바닥을 저리게 하거나 발목을 후려치는 옹이

장작은 갈라지는 힘으로 갈라진다

아궁이로 들어간 옹이는 밀린 숙제를 하듯 옹이를 풀며 발목에 훈기를 더해줄 것이다

한 트럭 상수리나무를 사다 놓고 미루다가 추위에 떠밀려 장작을 팬다

도끼를 간수하고 실장갑을 벗는데 손바닥 물집 같은 눈발이 허튼 약속처럼 장작더미를 덮고 또 덮는다

내일 아침엔 데운 방에서 자고 일어나 눈을 치울 수 있겠다

그리운 양밥

이천 쌀밥도, 정선 곤드레밥도 못 따를 밥이 있다
참말로 따시고, 차지며, 몸도 마음도 움찔하게 하는 밥
  내 어릴 적
  할머니가 할머니에게 물려받았다는 비전의 레시피가 있었다
  눈다래끼가 나면
  할머니는 골목에 돌멩이 셋을 탑처럼 쌓고
  그 사이에 내 눈썹 하나를 뽑아 숨기셨다
  누가 그걸 걷어차 무너뜨리면 다래끼가 그 사람에게 팔려간다는—
  할머니의 할머니의 할머니는 첩이었다
  본처의 버선 한 짝을 훔쳐다 장도칼과 함께 땅에 묻고
  죽어주면 좋고, 아니면 발목이라도 분질러지기를 빌었다 한다

그 적손인 나는 그 양밥으로
저승사자에게 어깃장 한 번 놓아볼 생각이다
장도칼 하나 구해 칼날에 세 번, 칼등에 세 번 침을 뱉고
헌 수건에 돌돌 말아 베고 잘 참이다
저승사자가 슬며시 다가오면 시퍼런 칼날에
"아이쿠나" 발뒤꿈치를 베이고 나가떨어질 것이다
그가 내 이름 석 자 중 마지막 雨 자를
못 다 쓰고 물러설 그 순간
검은 도포자락이 내 파뿌리 머리카락을 다시 검게 물들여 줄지도
오늘 보건소에서 골밀도 검사를 받았다
늙어 들리는 곳은 원룸과 보건소와 무덤뿐,
그런 생각을 하며
없는 골목, 없는 돌탑에다 괜히 발길질 한 번 해본다

눈썹 자리, 장도칼 자리, 내가 대신 들어가 누우면
옛다, 내가 양밥이 되는 것이겠다
누군가 걷어차 주기를 기다리는, 참말로 따시고 차진
양밥 한 사발

※ 양밥: 양법(禳法)의 방언, 신에게 기도하여 재앙과 질병 따위를 물리치는 법

짐작의 기술
―희토류가 흔들릴 때

 뉴스가 말했다 아무 문제없습니다 문제가 없는 날에는 굳이 문제없다 말할 필요가 없다 정전이 일어났다 기술적 문제입니다 기술적 문제란 설명할 수 없는 일이 쌓였다는 뜻 지도를 펼쳤다 거기엔 아무 표기도 없었다 하지만 침묵도 국경이 된다 해협이 좁아지고 항로가 빙글 돌아가기 시작하면 그건 대화가 아니라 경고다

 희토류가 흔들린다 뉴스가 말한다 공급망의 작은 진동이라고 진동은 늘 먼 데서 시작하지만 가까운 주머니를 제일 먼저 뒤흔든다 희토류가 흔들릴 때 반도체가 떨고 배터리가 울고 내 핸드폰 속 네 번째 칩이 식은땀을 흘린다 흔들리는 건 희토류가 아니라 세상이 쥐고 있던 빛 가벼운 듯 무거운 지구는 그 한 줌을 두고 다시 싸움을 시작했다

 오늘 아침 커피 값이 오른 이유가 광산 어딘가 날리고 있을 먼지 때문일 거라는 걸 나는 안다

방이 되는 법

새벽 두 시가 새벽 세시를 추월할 때까지, 새벽 두 시 십 분이 새벽 세시 십 분에게 추월당할 때까지 장롱 들어낸 자리, 또는 그 자리에 쌓인 먼지

방바닥은 종일 천장이나 쳐다본다 구석은 구석처럼 접어 귀뚜라미에게 임대하고 기둥에 경첩 달 듯 귀 하나쯤 달아둘 것 자주 무엇이 궁금한 섬이 되어

기억나는 사람마다 너는 갈매나무, 너는 개암나무, 너는 노린재나무, 너는 누운노린재나무, 기억나는 이름들을 갖다 붙일 것

누워서 하는 생각은 생각도 납작합니다 납작하게 자라는 생각은 납작한 잠에 위탁할 것

전깃불을 켜면 바닥이 일어서는 대신 벽이 눕습니다

방이 내장이라면 나는 내장 속을 유쾌하게 유영하는 숙변宿便, 내장처럼 비좁아도 방은 방, 사실은 내가 진작부터 누군가의 방이었을 테니까 저기 저 달빛도 방이 되려고 깊어지는 중일 테니까

딸 둘이서 마당에 유기견 두 마리를 풀어놓고 누군가의 아내가 되러 갔습니다 그놈의 정이란 겨울 내의 같은 걸까요

귀를 세우고 쳐다보는 저 두 마리 방을 무엇으로 채울까요

K형의 시론

"시는 개뿔! 연애나 해라!"
 침 튀기며 말하는 형과 라면을 먹는다
 아홉 평 원룸을 시로 채우겠다던 형
 소식이 끊긴 지 오래,
 9급 공무원 시험에 거듭 낙방한 끝에 재수학원 앞 김밥집에서 일한다
 너, 그거 알아? 라면 한 봉지에 들어가는 면발 길이
 4,875센티미터라는 거
 하루 두 봉지씩, 삼 년이면 (계산기 좀 꺼내봐) 4,875 곱하기 2, 곱하기 365, 곱하기 3―
 그래,
 천만 센티미터 훌쩍 넘지, 그게 내가 꺾어 접은 시의 길이다
 빵도 있고, 피자도 있는데 왜 하필 라면이냐고? 적셔도 보고, 구부려도 보실 일이지, 차마 말하지 못했다

"시는 죽었다, 접고 연애나 해라!" 형은 단호했다
면발은 덜 익혀야 젓가락이 가는데
  형은 이미 불어 터졌고 나는 내일 있을 합평 얘기는 꺼내지도 못한 채다
"저기, 요 앞 코너에 책방 건물 나왔거든?
  그저께 중도금 넣었다
  1층은 김밥, 2층은 북카페, 3층은 살림집 인테리어 들어갔다고—
  친구들 좀 데리고 와라!"
  북카페로 건너가는 형의 시론, 문득, 부럽다는 말을 할 뻔했다
  라면과 김밥 그리고 국물 튄 시론까지
  자칫 넘칠 지경인데
  국물 주위를 맴도는 파리 한 마리, 저걸 쫓을까 말까?
  벼룩신문을 말아 든다

쪽팔림의 민족 기술력

우리는 기계를 잘 만드는 민족이 아니라 쪽팔림을 잘 다루는 민족이다

그러니까 양심이란?

나쁜 짓 해놓고 혼자 존나 쪽팔리는 것, 그 말이겠다

보안 태그 없어도 계산대가 조용히 잘 굴러가는 거 누가 봐서가 아니다 누가 안 봐도 쪽팔려서 그런다

그걸 '쪽팔림의 민족 기술력'

이라 부르기로 하자 한민족 고유의 정서기반 반응 설계 시스템

ISO 9001? 우린 양심 9001이다 'ㅎㅎ 그거 국뽕이다

김치냄새 풍기는 엽전철학이다'

말들 많으신데

아니다, 이건 국뽕 따위 아니다

쪽팔려서 시스템이 유지되는 나라
그 말이다
못 믿겠거든 하루가 다르게 늘어나는
골목 아이스크림 무인판매점
한 번 가 봐라
그 옆, 무인 국수말이도
한 대접 해 보시며
다들-
국수 값 긁고, "잘 먹었습니다"까지 누르는 걸
눈 부릅뜨고 한 번

변기 물 방향 공청회

오늘 저녁 8시, 서울 시간 기준으로
지구 양극 간 물 방향 갈등 공청회가 열렸다
주제는 "변기 물 내려가는 방향"
정말 북반구와 남반구가 다른 걸까?
사회자가 말했다.
과학적으로는… 그 정도 크기의 변기에는 코리올리 힘이 작용하지 않습니다
그러자 남반구 대표가 벌떡 일어났다
그럼 우리가 수십 년간 본 건 착각이란 말인가요?
어릴 적부터 왼쪽으로 휘는 물줄기를 보며 우리의 슬픔도 그 방향으로 흘렀단 말입니다
북반구 대표는 여유 있게 미소 짓는다
그건 단지 관찰 조건의 문제입니다
어쩌면 수도관 각도일 수도 있고요
그러니까, 우리가 눈으로 본 걸 믿지 말란 말입

니까?

    회의장은 웅성거리기 시작했다

    물은 아래로만 흐르지 않는다 어디에서 보느냐에 따라 감정도, 역사도, 회전 방향도 달라지는 것이다

    노년의 여성 한 명이 발언대에 섰다

    내 아들이 남반구로 유학을 갔어요 전화기 너머로 말하더군요.

    엄마, 여긴 물도 반대로 돌아요

    그 말을 듣고 나는 울었습니다

    애가… 지구 반대편까지 간 걸 그때 실감했어요

공청회는 결론 없이 끝났다

북반구 학자들은 회전 실험을 재현했고

남반구 주민들은 집단 민원을 냈다

이후 위키백과는 부분적으로 사실이라는 모호한

중립표를 붙여놓았다
 그리고 다음 날, 전 세계의 변기의 물은
 아무 말 없이 자기 방향대로 조용히 돌며 내려갔다

지구 생물의 머리 받침에 대한 보고

이 종은

하루의 끝마다 같은 사물에 머리를 맡긴다

이들의 행동을 처음 본 감성전파분석관은 이렇게 기록했다:

"의심 없이, 항복하듯, 그러나 자주 울 듯"

그들은 그 사물을 '베개'라 부른다

그것은 섬유와 충전재

그리고 세탁하지 않은 날의 냄새로 구성되어 있다

우리는 이 사물이 단지 물리적인 머리 지지대가 아니라

기억 자국을 남기는 감정 저장소라는 가설을 세웠다

인간은 베개 위에서 말을 하지 않지만

매우 많은 말을 그 위에 흘린다

한 개체는 "네가 없는 날은 베개가 젖는다"라고 적

었다

그건 액체의 문제인지 시간의 문제인지 분간할 수 없었다

간혹, 오래된 베개를 버리지 않는 사례가 포착되었다

수면 중 발생하는 '꿈'이라는 현상과

이 구조물과의 연관성에 대해 연구 중이다

인간은 자신이 겪지 않은 전쟁에 참여하거나

잊으려 했던 사람과 다시 대화한다

우리는 그것을 "재진입 불가한 감정 회랑"이라 명명했다

어떤 베개는 상대의 체취를 오래 보존하고 있었고

어떤 베개는 말 대신 귓속말을 기억하고 있었다

하나의 사물이 이토록 정서 밀도가 높은 채로

방치된다는 것 그건 우리에겐 꽤 기묘한 풍경이

었다

   기록에 따르면, 이 사물은

"아무도 받아주지 않을 때, 마지막으로 기댈 수 있는 곳"

   으로 묘사되기도 했다

   인간에게 베개란, 잠을 위한 도구이기 이전에

   말하지 못한 말들의 융기와 함몰이 드러나는 장소이며

   그들의 고개가 가장 솔직해지는 곳이다

   우리는 그곳을

"목이 아닌 마음을 기댄 자리"라 정의했다

'비빔'의 국제어 등록 심사 공동회의

한국 대표는
'비빔'은 조리법이 아니라 철학이라고 말했다
서로 다른 재료가 뒤섞이며 고유성을 잃지 않고 하나의 맛으로 완성되는 민주적 맛의 구조다
그러자 프랑스 대표는
그건 그냥 샐러드라고 반박했고
멕시코 대표는
자신들의 부리또와 유사성을 주장했다
미국 대표는
결국은 드레싱 싸움 아니냐며
회의의 본질을 흔들었다
그때 한국 대표가 참기름 뚜껑을 열었다
회의장이 갑자기 침묵했다
스리랑카 대표가 눈을 감았고
그리스 대표는 자신도 모르게 밥을 찾았다

그날 '비빔'은
조리와 화합 사이의 감정적 과정으로
국제어 예비 목록에 등재되었다
단,
발음은 "비빔" 그대로 의역은 금지되었다

컷 없는 생

누군가 죽어 영화가 끝날라치면
저녁놀은 붉게 타 오르고
물안개가 피어오르며 카메라는 천천히 물러난다
바람은 한 점도 없어야 하고
시간도 숨을 죽여 누군가의 마지막을 양식화한다

그러나 실제 죽음은 그렇게 예쁘지 않다
진료비는 미납이고, 이메일엔 읽지 않음 두 개
배달된 도시락은 다 식어 있다
죽음은 종종 마무리되지 않는다
그저 살던 결 하나가 툭— 끊어질 뿐이다
페이드 아웃이 아니라, 픽— 꺼지는 화면처럼
'오 우우케이…' 누가 던진 사인처럼

하지만 죽지 않고 살라치면 카메라는 흔들리고, 대

사는 엉키고
 조명은 깜빡이고, 감독은 없다
 심지어 각본도 나만 안 받았다
 누구도 큐 사인을 주지 않았으므로 모든 장면이 실전이다
 리허설이나 슬레이트 따위 없다
 그냥 내 이름으로 모든 테이크가 본방송이다

 그리고 밤이 되면 혼자 편집한다
 이 말은 너무 시고, 저 표정은 너무 썼다
 그렇게 다음 날을 찍는다
 편집은 대충, 재촬영은 없음 사는 데는 페이드아웃도 엔딩 크레디트도 없다
 그저 롤링 롤링 롤링 카메라 돌아가는 소리뿐

해설

감정 물리학의 정치성

박대현(문학평론가)

1. 감정의 해부와 오류(glitch)의 전략

박윤우의 시집 『감정 물리학_E404』는 인간의 가장 사적인 영역인 '감정'에 대한 해부의 기록이다. 시인은 인간의 감정이 자본주의 시스템 속에서 관리되고 통제되고 결국은 자본화되는 과정에 대한 날카로운 통찰을 보여준다. 시집 제목인 '감정 물리학'은 감정이 인간 정신의 신비로운 영역이 아니라 해부와 분석이 가능한 물질의 대상으로 보고 있음을 표명한다. 인간의 본질을 형성하는 감정이 측정과 분석, 그리고 통제의 대상인 동시에 그 자체로 물질로서 관리의 대상이다. 시인은 이 시집을 통해 감정이 궁극적으로 자본가의 자원으로 등록되고 마는 현실을 비판한다.

시집 제목이 암시하듯, 인간의 감정에 대한 분석과 통제, 그리고 관리는 가능한 것일까. 시집 제목 끝에 붙은 'E404'는 이에 대한 시인의 비판적 태도를 드러 낸다. '감정'을 물리학적 체계로 규명하려는 시도가 결국은 실패할 수밖에 없다는 사실을 제목으로 삼고 있기 때문이다. 우선 'E404'는 "Not Found"(찾을 수 없음)를 의미하는 디지털의 통신 에러 코드다. 웹브 라우저에서 존재하지 않는 웹페이지 주소(URL)로 접 속을 시도할 때 가장 흔하게 볼 수 있는 오류 메시지 다. 이 시집에서 '오류(glitch)'는 단순한 착오나 실패 를 의미하지 않는다. 이 시집을 관통하는 미학의 핵 심 원리로 보인다. 'E404'의 시집 제목 배치가 말해주 듯이, 인간의 감정을 물리학적으로 규명하고자 하는 과정에서 발생하는 오류가 바로 그의 시적 결과물이 다. 즉, 감정 규명의 실패를 통해서 이 실패를 양산하 는 사회 시스템의 이면을 폭로하고자 하는 것이 이 시 집의 미학적 전략이다. 아래 시를 보라.

5월의 감정 포트폴리오엔

초록빛 질투, 소량의 냉소

그리고, 리스크 헤징용 마음 접기 ETF가 실렸다

애정 수익률은 전월 대비 2.1% 하락

>   이중 고백자의 회수율은 36.4%를 기록했다
>
>   하지만 첫눈에 반한 적이 있음 문항엔
>   여전히 79%가 예라고 대답했다
>
>   이번 달도 당신에게 몰빵한 나는
>   투자가 감정의 선물시장이라 믿었다
>
>   연애 원론 1장에는
>   원금 손실이 발생할 수 있습니다
>
>   그러니까
>
>   오늘의 감정 시세는 우산은 버려졌고, 시는 남았다
>   ―「감정의 월간 보고서」 전문

 이 시는 자본주의가 감정을 다루는 방식을 풍자한다. "애정 수익률은 전월 대비 2.1% 하락/ 이중 고백자의 회수율은 36.4%"라는 감정의 수치화와 계량화는 감정을 기업 영업 이익의 중요한 수단으로 삼는 자

본주의의 경영 전략을 반영하고 있다. "5월의 감정 포트폴리오"라는 첫 문장에서부터 감정이 자본주의의 경영 전략의 수단으로 상정된 상태임을 말해준다. 감정은 정기적으로 보고되어야 할 대상이지만, 이때의 감정은 공감이나 배려의 대상이 아니라 기업의 영업이익 증가를 위한 분석 대상일 뿐이다. 따라서 감정(感情)에는 시세가 매겨진다. 감정은 각각의 이용 가치가 분석됨으로써 자본주의 시스템 속에 재배치되는 것이다. "오늘의 감정 시세는/ 우산은 버려졌고, 시는 남았다"는 마지막 문장은 시적인 모호성을 지니고 있지만, 사실은 비교적 선명한 의미를 내포한다. 비 오는 날의 '우산'과 같은 감상(感傷)은 이제 쉽게 버려지는 감정에 지나지 않는다. 하지만 그 버려진 자리에서 "시는 남"게 되는 것이다.

다시 말해, 자본주의 시스템은 그 자체의 방식으로 감정을 완벽하게 통제하고자 하지만, 그것은 불가능하다. 감정은 완벽하게 배제되고 통제될 수 있는 것이 아니다. 그것은 억압될 수 있을지라도 사회적 증상으로 발현될 수밖에 없으며, 시인에게 있어서 그 증상은 바로 '시'라고 할 수 있다. 감정에 대한 자본주의적 통제가 실패한 자리에서 바로 시가 탄생하는 것이다.

이러한 전략은 '글리치 아트(Glitch Art)의 미학적 전략과 흡사하다. 글리치 아트는 주로 그래픽이나 시각적 이미지가 디지털 기계 작동의 오류로 인해 지직거리는 현상들을 예술의 영역으로 끌어들인 장르다. 글리치 아트는 데이터 손상으로 인한 이미지 결손을 오히려 디지털로 체계화된 사회의 이면을 사유하고 통찰하고 폭로하는 계기로 삼는다.

박윤우의 시적 전략 또한 이와 유사하다. 인간의 감정을 규명하고 복원하고자 하는 시도의 불가능성을 일종의 에러 코드('E404')로 드러냄으로써 감정을 규율하고 통제하는 자본주의 시스템의 이면을 폭로하는 효과가 발생되고 있는 것이다. 다시 말해 이 시집은 언어를 통해서는 온전히 드러나지 않는 감정의 실체, 즉 언어로 포획하려 할수록 미끄러지듯 달아나고 마는 감정의 비정형성과 그 과정에서 발생하는 자본주의 시스템의 오류에 대한 기록이라고 할 수 있다.

2. 감정 자본과 감정의 파산

이 시집의 주제인 감정은 자본주의 시스템 속에서 이분화된다. 에바 일루즈가 제시한 '감정 자본주의(Emotional Capitalism)' 개념에 따르면, 자본주의는 인간의 감정을 자본주의 행동 양식에 맞게 적용하고 활용한다. 감정 능력을 가장 중요시하는 공간이 바로 직장이고, 직장 내 인성검사를 통해서 각 개인의 감정양식은 승인되고 정당화되고 보증된다. 심지어 감정 능력은 채용뿐만 아니라 승진의 공식적 기준이 되었으며, 이는 곧 감정 능력이 감정 자본이 될 수 있음을 보여준다.1)

자본주의 시스템 속에서 감정은 승인과 미승인의 대상으로 이분화되는 것이다.

시집의 제1부는 자본주의 체제가 인간의 가장 내밀한 감정을 관리하고 통제하는 방식에 대한 비판적 성찰을 드러낸다. 제1부의「감정의 월간 보고서」연작이 암시하듯이, 이 시집에서 감정은 자본주의 체제의 보고 대상이자 관리 대상이다. 시인은 개인의 가장 사적인 감정까지 관리하고 통제하는 자본주의 체제의 실체를 '감정의 월간 보고서'를 통해 폭로한다. 감정을 기술하는 방식은 철저하게 사무적이고 관료적이다. 사적인 감정이 개입될 여지가 전혀 없는 무미건조한 문장을 통해 노동자 개개인의 감정을 다루고 있

---

1) 에바 일루즈, 김정아 역,『감정 자본주의』, 돌베개, 2010, 127-131쪽.

다. 기업의 사무적인 언어로써 노동자 개인의 감정을 기술하는 시적 전략은 관리와 통제를 통해서 이미 개인의 감정이 박탈된 상황을 드러내는 아이러니를 발생시킨다. 예컨대 이런 식이다.

    본 감정은 현재 냉동 보관 중입니다
    감정 불안정 상태 지속으로 임시 봉인 조치함

    보관 개시는 마지막 전달 실패 시점으로부터 72시간
    이후 해당 감정은 저장되었으나 사용되지 않고
    접근 시 정서적 통증이 유발될 수 있음이 확인되었습니다

    감정의 현재 상태:
    ✔ 유효 기한 경과
    ✔ 감정 본체 변형 없음
    ✔ 해동 시 주의 필요
    ―「감정의 월간 보고서 063 - 감정 냉동 보관 알림」부분

"본 감정"은 어떤 감정을 지칭하는가. 아마도 "본 감정"이란 자본주의 체제에는 어울리지 않는 종류일 것이다. 이윤을 추구하는 기업에 부적합한 감정은 슬픔, 우울, 외로움, 불행 따위의 감정이 아닐까. 이런 종류의 감정은 인간이라면 불가피한 감정일 수밖에 없다. 하지만 기업의 이윤에 도움이 되지 않는 감정은 배제되기 마련이다. 그것은 근대 자본주의 이후의 생활 양식에서 위생 처리되다시피 했다. 삶의 부정적인 감정들은 공적인 영역에서 추방되고 사적인 영역으로 은폐되기 시작한 것이다. 따라서 "본 감정은 현재 냉동 보관 중"이고, "감정 불안정 상태 지속으로 임시 봉인 조치함"이라는 진술은 근대 자본주의의 감정 통치술을 잘 보여준다고 하겠다. 인간의 내밀한 감정에 대한 접근이 금지되고 있는 것이다.

예컨대, "본 감정 계정에서 최근 비인가 접근이 감지되었습니다"(「감정의 월간 보고서 058」)는 경고 문구는 자본주의 시스템이 통제하는 감정 양식이 무엇인지를 말해준다. "과거 고백 시점 및 대사 일부", "네가 좋아한다 말한 영화 제목 3편", "지우지 못한 메시지 초안 2건", "최근 통화 후 저장된 무음 47초" 등에서 알 수 있듯이, 모두 개인의 사적이거나 정제되지 못한 감정들이다. 감정의 자본화 시스템은 친밀한 관계까지 침투한다. "좋아해"라는 고백은 "10분 안에 확인이 필요"한 일회용 비밀번호(OTP)를 요구한다. "진심은 1회용이고, 두 번째는 이미 감정이 아니라 기술"(「감정의 OTP 인증 만료」)이라는 진술은 일루즈가 말한 '차가운 친밀성(cold intimacy)'의 진정한 사례. 인간의 관계는 더 이상 마음의 진정성이 아니라 경제적 효율성과 같은 시장 논리에 의해 유지된다.

  자본주의는 개인들의 감정을 표준화한다. 자본주의 시스템은 표준적인 감정 양식을 제시하고 있으며, 그것에 맞추는 인간만이 최소한의 감정 자본을 획득할 수 있게 된다. 취업 시장에서의 이력서 작성 요령을 풍자한 「감정 항목은 작성하지 마십시오」는 취업 준비생에게 요구하는 감정 양식을 적나라하게 드러낸다. 이력서 작성 시 주의 사항은 개인의 서사에서 비롯된 감정을 기업의 표준 양식에 최대한 맞출 것을 요구한다. "성장 과정은 너무 극적이면 안 되"고, "슬펐던 시절은 감동이 아니라 부담으로 간주되므로／희망이 아닌 끈기로 포장되어야" 한다. 심지어 "당신의 단점조차 회사에／도움이 되는 것으로 보이게 써야 한다"는 요구는 개인의 모든 서사가 조직의 표준에 맞춰 편집되고 재단되어야 하는 현실을 보여준다. 감정의 동요는 감정 자본의 양상에서 제외되므로, 감정이 담긴 문장은 반드시 "PDF로 변환"되어야 한다. 이는 기실 감정의 박제라고 할 만한 것이다. 텔레 마케터의 음성이 항상 도레미파솔의 '솔' 음계에 맞춰져 있듯이 말이다.

시인은 박제된 감정에 대해 "복사된 감정은/ 전달 속도는 빠르나 밀도는 현저히 낮아"진다고 진단하면서, '감정 시세'라는 차가운 펀(pun)을 구사한다.(「감정의 월간 보고서 059」) 감정가를 뜻하는 감정 시세(勘定市勢)가 아니라, 감정(感情) 시세 말이다. 감정 자본주의를 향한 시인의 비판적 인식은 감정을 팔리지 않은 '재고 상품'으로 다룰 때 보다 극명해진다.

    그 사람을 보내고 나는 감정 재고를 정리하기 시작했다

    입구 쪽에는 그의 말투가 아직 남아 있었고, 안쪽 선반에는 유통기한이 지났지만 폐기하지 못한 다정들이 가득했다 종이박스엔 포장도 뜯지 않은 '그때 하지 못한 말들'이 차곡차곡 쌓여 있었다 아직 택배 송장도 붙어 있는 상태, 깨끗하게 정리된 감정은 하나도 없었다 대부분 포장 불량이거나, 감정 기복에 젖은 흔적이 역력했고, 일부는 아예 무슨 감정인지도 알 수 없는 상태로 혼합되어 있었다 질투인지, 애정인지, 집착인지 알 수 없어서 따로 모아두고 그것들은 그냥 '혼합 감정류'로 임시 분류했다

쓸 것 같았지만 손이 가지 않는 감정들도 있었다 '보고 싶다' 같은 표현은 아직 유효한 듯 보여도, 이미 상대방은 그 말을 받아 적재할 창고가 없는 상태다 '사과'는 유통기한이 지난 지 오래고, '기다림'은 창고 바닥에서 습기를 먹은 체 굳어버렸다 '미안해'라는 품목은 수량은 많은데, 언제 쓸 수 있을지 몰라 그대로 포장했다 재고 조사를 마친 나는 깨달았다

사랑이 끝났다는 건 감정이 사라졌다는 뜻이 아니라, 감정이 수요를 잃었다는 뜻이라는 걸. 그래서 나는 남은 것들에 라벨을 붙였다

"불특정 대상 보관용"

그리고 조용히 창고 문을 닫았다 마음은 아직
도 그 창고를 매일 한 번씩 들여다본다
―「감정 재고 조사」 전문

  시인은 의도적으로 감정을 재고 상품으로 취급한
다. "감정 재고"라는 용어는 용도 폐기되어 더 이상
팔리지 않는 '감정'이 재고로 남아있는 자본주의적 현
실에 대한 풍자다. 그러나 이 풍자는 이중적이다. 자
본주의 현실을 겨냥하는 동시에 시의 화자 스스로를
겨냥하기도 한다. "그 사람을 보내고" 난 후의 실연당
한 감정을 상품처럼 인식하고 정리하고 있기 때문이
다. 사랑의 감정 양식조차도 소비 자본주의의 감각으
로 인식하는 화자 스스로를 비판하는 자기 풍자의 양
상을 띠고 있는 것이다. 하지만 시의 화자는 자본주
의적인 감정 양식에 지배당하고 있음에도 불구하고
그 감정을 폐기하지 않는다. "불특정 대상 보관용"이
라는 라벨을 붙인 후 여전히 보관하고 있으며, "마음
은 아직도 그 창고를 매일 한 번씩 들여다" 보기 때문
이다. "감정 재고"가 쌓일수록 자본주의 시스템을 살
아가는 인간의 내면은 공허해지고 감정적 파산에 직

면한 것이나 다름없다. 자본주의적 풍요가 더해질수록 감정은 파산 상태에 가까워진다. 이 시스템 속에서 인간의 비자본적인 감정들은 소외되고 배제되기 때문이다. "기쁨은 행사 중이고/ 눈물은 한정 기간 사용 가능하며/ 분노는 괄호 안에 등록"되는 "감정"이라는 진술이 감정 자본의 서열을 암시한다. 자본주의는 "슬픔"이 "적립되지 않"는, "감정 없는 영수증"의 세계인 것이다.(「슬픔은 적립되지 않습니다」)

3. 자본주의와 정동 축적

이 시집은 감정이 단순한 정신적 자질이 아니라 구체적인 신체 현상과 연결하고 있다는 점에서 브라이언 마수미의 정서(emotion)/정동(affect)의 이분법적 개념을 환기시킨다. 마수미는 정동을 신체적인 것으로 간주하는 반면, 정서는 사회언어학적으로 고정된 것이자 틀에 박힌 것으로 정의한다. 정서가 전기(biography)의 영역에 가깝다면, 정동은 생물학(biology)의 영역에 가깝다. 정서가 의미화의 시도에 쉽게 포섭된다면, 정동은 의미화의 시도에 쉽게 포섭되지 않는 신체의 자질이다. 마수미의 관점에 따르면, 정서는 통념화되거나 코드화된 표현이며, 정동은 그것의 아주 부분적인 표현에 지나지 않는다.[2] 박윤우의 '감정 물리학'에서 감정은 정서와 정동으로 이분화된다. '정서'가 감정 자본으로 포섭된 정신적 자질이라면, 정동은 감정 자본으로 포섭되지 못한 신체적 자질이라고 볼 수 있다. 박윤우는 신체를 지배하고 있는 인간의 감정(정동)을 '한방 감정학'의 형식으로 천착한다.

>울컥함은 간肝에서 난다
>억울함이 쌓이면 눈이 탁해진다
>서운함은 위胃로 내려가
>소화를 막는다
>
>심장은 놀람을 싫어하고
>신장은 공포에 밀린다
>그래서 놀란 말 한마디에도
>허리가 서늘해진다
>
>―「한방 감정학 서설1」 부분

---

[2] 브라이언 마수미, 조성훈 역, 『가상계』, 갈무리, 2011, 54쪽; 메건 왓킨스 외, 최성희 외 역, 『정동이론』, 갈무리, 2015, 440-442쪽; 브라이언 마수미, 조성훈 역, 『정동정치』, 갈무리, 2018, 27, 62쪽.

'한방 감정학'은 물론 허구의 학문이지만, 이로써 드러내려는 시인의 의도가 중요하다. 시인은 감정과 신체 장기 사이의 직접적인 인과관계를 설정함으로써, 울컥함, 억울함, 서운함과 같은 감정들이 단지 마음의 문제가 아니라 간, 위, 신장의 생리학적 상태와 연결된다는 사실에 주목한다. 이는 감정을 탈신비화하고 신체적 기반 위에서 재해석하려는 시도다. 그의 다른 시에서 슬픔을 "눈에서 흘러나오는 물이 아니라/ 간헐적으로 명치를 눌러오는 복부팽만 같은 것"으로 정의할 때, 슬픔은 담적(痰積), 즉 기가 울체되어 생긴 오래된 덩어리라는 한의학적 개념을 통해 구체적인 물성(物性)을 획득한다.(「한방 감정학 서설 2」) 감정은 더 이상 형이상학적 추상이 아니라 소화불량과 같은 직접적인 신체의 증상이자 고통이 된다.

이러한 감정의 신체화는 단순한 의학적 비유를 넘어 정치적 함의를 지닌다. 감정 자본주의체제에서 감정의 통제와 억압은 인간의 무의식을 구성하는 노동자의 신체에 직접적으로 영향을 주기 때문이다. 프레데리크 로르동이 분석했듯, 자본주의는 노동자의 충동, 즉 코나투스(conatus, 존재를 지속하려는 힘) 자체를 동원하여 이윤을 창출한다. 그 과정에서 슬픈 감정은 억압되고 자기 실현의 기쁜 감정만이 강요된다. 물론 강요는 '자발적 예속'의 형식을 띤다. 노동자는 자본주의 체제 내의 생존을 위해 기쁜 감정으로 개종할 수밖에 없다. 표면적으로는 기쁜 감정, 이면적으로는 슬픈 감정이라는 이중성의 자리에 서게 된다.[3]

 슬픔 감정은 억압된 채 신체에 각인될 수밖에 없는 것이다. 그것이 바로 노동자의 소외된 정동이 아닌가.

 박윤우는 '한방 감정학'을 통해 노동자의 소외된 감정, 즉 정동을 주목하고 있는 것이다. 노동자의 신체를 통해서 드러나는 감정의 물리적 증상들은 신자유주의적 체제가 자행하는 사회적 억압의 흔적이자, 그 체제에 포획된 신체의 고통스러운 신음이다. 감정이 신체의 언어로 징후화 될 때, 그것은 자기 계발과 심리 치료라는 개인의 문제를 넘어서 자본주의 체제가 각 개인들의 신체에 집단적으로 가하는 폭력에 대한 증언이 된다. 그리하여 시인은 감정 자본주의가 만들어낸 황폐한 현실 풍경을 고발하는 데 그치지 않고, 그 시스템의 균열과 파국을 상상하며 저항의 가

---

[3] 프레데리크 로르동, 현동균 역, 『자본주의와 자발적 예속』, 진인진, 2024, 172쪽.

능성을 모색한다.

이곳은 한때
진심을 만들어내던 곳이었습니다
말을 깎고, 숨을 붙이고
기억의 단면에 맞춰
감정을 조립하던 공간이었죠
하지만 이제, 공정이 멈췄습니다
고백은 단가가 맞지 않았고
후회는 재고가 쌓였으며
기다림은 부품 공급이 끊겼습니다
감정 설계팀이 퇴사했어요
기억 생산 라인은 노후화되었고
운영자는 더 이상
새로운 마음으로 갈아입고 싶지 않았습니다
이 공작소는 폐업합니다
단,
폐업 공지를 쓰는 이 손 끝에
아직 미세한 떨림이 남아 있습니다만
그건 마지막 잔열이니 이해해 주시길 바랍니다
오늘의 감정 시세는: 가동 중지

감정은 생산되지 않지만

잔여 진심은 자동 순환됩니다

  —「감정공작소 폐업 공지」 전문

이 시에서 진술되는 '감정공작소'는 자본화된 감정이 아니라, 진심으로서의 감정을 생산하는 장소로 의미화된다. 인간의 진실된 감정이 실재했던 공간으로서의 상징성을 지닌다. 모든 공장은 인간의 감정이 살아숨쉬는 공장이었음은 분명하다. '고백', '후회', '기다림' 등의 감정들이 풍부하게 생산되는 곳이 바로 노동자들이 자신의 생계를 위해 일하던 장소로서의 공장이다. 그러나 이제 더 이상 노동자의 감정들은 생산되지 않는다. 감정 생산의 공정들이 가동 중지된 것이다. 이것은 일종의 알레고리적 함의를 지닌다. 20세기 산업 현장 시스템의 비인간적 변화를 에둘러 진술하고 있는 것으로 이해할 수 있다.

이를테면, 20세기 초 테일러주의(Taylorism)와 포드주의(Fordism)가 기업의 공장노동자 관리 방식으로 도입된 이후, 인간은 감정을 지닌 존재가 아니라 기업의 기계 부품으로 전락하고 만다. 그리고 엘튼 마요(Elton Mayo)의 호손 실험이 노동자의 감정 관리가 기업의 생산성을 높인다는 사실을 증명한 이후로, 인간의 감정은 자본주의 시스템의 집중적인 관리 대상이 되기 시작한다. 에바 일루즈, 앞의 책, 35-36쪽.

자본주의 시스템이 전지구화되는 과정 속에서 인간의 감정은 자본화되었고, 자본과 무관하게 작동하는 인간의 감정은 쓸모없는 것으로 치부되기 시작한 것이다. 공장은 더 이상 인간의 '진심'이 생성되는 공간이 아니다. 노동자들이 모인 공간은 더 이상 진심어린 감정을 생산하지 못한다. "고백은 단가가 맞지 않"고, "후회는 재고가 쌓"였고, "기다림은 부품 공급이 끊겼"다는 진술은 감정 자본주의의 기준에 부합하지 않은 감정은 용도 폐기되었음을 명시하고 있는 것이다. 그러니 "오늘의 감정 시세"는 '가동 중지'가 될 수밖에 없다.

하지만 시인은 "감정은 생산되지 않지만/ 잔여 진심은 자동 순환됩니다."라는 시의 마지막 문장을 통해서 노동자의 감정에 관한 여운을 강하게 남기고 있다. 이것이 바로 노동자의 신체에 각인되고 있는 '정동'으로서의 신체적 감정이다. 감정 자본주의의 언어로는 코드화될 수는 없으나, 노동자의 진정한 감정은 정동의 형태로 신체에 지속적으로 축적되고 있는 것이다. 감정을 언어 코드 바깥으로 축출했을지라도 감정은 사라지지 않는다. 언어로 코드화되지 못한 감정은 정동의 형태로 신체에 각인되고 축적된다. 외부 자극이 신경물리학적으로 신체에 각인되듯이 말이다. 시인은 감정 자본주의 시스템 속에 축적되고 있는 정동을 주목하고 있는 것이다.

4. 정동의 기록과 정치성

그렇다면 자본주의 시스템에 의해 코드화되고 배제되는 감정의 현실 속에서 저항은 어떻게 가능한가? 박윤우의 '감정 물리학'이 제시하는 답은 거대한 혁명의 서사가 아니라, 사소하고 집요한 기록의 실천이다. 시집 전체를 통해 시인은 감정을 관리하는 시스템의 프로토콜, 오류, 부조리를 꼼꼼하게 기록하고 목록화한다. 이 행위 자체가 자본주의 시스템에서 배제된 감정들의 실체와 그 중요성을 복원하는 정치적 행위가 된다. 시인은 시집의 '자서(自序)'에서 자신의 시적 방법론을 명확히 밝힌 바 있다. 그것은 감정에 대한 관찰을 넘어서, "불러 앉혀 말을 걸고, 그 속내를 들여다보"는 행위다. 시인의 궁극적인 관심은 거대 담론이 아니라 정말 하찮은 일상들, 즉 "작고 조용한,

그러나 위대한 비상구"와 같은, "하찮아서 숭고한" 일상의 세부들이다.(「하찮음의 미학」) 다시 말해, "고물상 손수레"에 실려 "분리 수거 중"인 "끊어진 말들과 깨어진 이름들"(「믿음이라는 잡동사니」)을 끈질기게 호명하고 기록하는 것이다. 예컨대 아래 시를 보라.

그날 저녁,
우리는 오래 묵은 카펫에
물을 뿌렸다

감정들이 젖었고
때마침 저물어가던 빛이
올과 올 사이
침묵의 결을 따라 번져나갔다

물은 말보다 정직해서
감췄던 얼룩을 숨기지 않고 부풀렸고
카펫의 젖은 올들은
그간에 겪은 사연을
자근자근, 발바닥의 지문에 묻어
흘러나왔다

누가 먼저 울었는지 모르겠다
그 울음소리는
터지고 만 묵은 소리
실밥 뒤엉킨 바닥이 아니라
우리가 쏟은 발자국과 발바닥의 지문들—
올 사이에 스민
우리 각자의 무게였다
　　　—「묵은 카펫에 물 뿌리는 저녁」 전문

  이 시는 소외되고 억압된 감정들을 복원하는 시적 정치성에 대한 완벽한 비유다. 감정들은 생명의 물을 만나 "빛"이 되어 "올과 올 사이/ 침묵의 결을 따라 번져" 나간다. "카페의 젖은 올들"이 "그간에 겪은 사연을/ 자근자근, 발바닥의 지문에 묻어/ 흘러나"게 하는 동시에 누군가의 울음이 터져 나온다. "그 울음소리는" 결국 "터지고 만 묵은 소리"다. "우리 각자의 무게"는 카펫의 "올 사이에 스미"듯 우리 신체에 스며 있다. 자본주의 시스템 속에서 "감정은 기입 대상이 아"니지만,(「출입국관리소 옆 시낭송회」) 자본주의를 살아가는 각 개인들의 신체 속에 축적된다. 신체 속에 축적된 그것은 이름을 얻지 못한 사회적 정동이 된다. 자본주의 시스템이 '쓸모없음'으로 규정하고 폐기하는 감정의 잔해들, 즉 "시간과 시간의 틈"에 "버려진 우산"처럼 남아 있는, "아직 이름 붙이지 못한 감정"들(「출구와 무릎 사이」)이야말로 소외된 정동이 아니고 무엇이겠는가.

  시인은 그 소외된 정동들의 구체적인 현실태를 들여다본다. "슬픔"에 대한 "지원"을 "신청하러 갔"으나, "국가 보조 대상이 아니"라는 답변에 다시 신체로 되돌아오고야 마는 슬픔들, 혹은 "요즘, 그냥 울고 싶습니다"라는 소외된 마음들.(「민원센터」) "감정이란 원래/ 처방이 아닌, 부작용으로 자란다"(「묘약」)는 시인의 말처럼, 소외된 울음들은 신체의 통증으로 남는다. 이 "통증"을 시인의 신체로 가져오는 것이야말로 하찮은 존재들과 정동을 나누는 "대화의 시작"(「낙뢰」)이 아닌가. 정동 소외자들과의 대화는 자본주의 시스템이 제대로 작동하지 않는 오류의 지점을 드러낸다. 그것이 바로 박윤우의 시다. 시인은 자본주의 시스템의 오류가 발생하는 지점에서 스스로의 시를 드러낸다. 그것이 소외된 정동의 발현이다. 정동 소외자들과의 시적 대화는 시인의 주체성을 자본주의 시스템 속에서 확정성의 차원이 아니라, "불확실성"의 차원으로 이끈다.

> 나는 확정되기를 거부한다
> 나는 항상 '아직'이다
> 나는 완성되지 않은 문장이고
> 끝나지 않은 음악이며
> 그대가 생각하려다 멈춘 사유다
> 나는 '존재한다'가 아니라
> 나는 '존재할 수 있다'다
> 가능성이라는 바다 위에
> 나는 오직
> 물결의 형태로만 머물 수 있다
> 그대는 나를 입자라 부르지만
> 나는 사실
> 믿음과 불확실성의 이름으로
> 출현한 시詩였다
> ―「Ψ의 변명-파동함수의 자기 고백」 부분

시인은 자기 존재의 불확실성을 정직하게 대면한다. 양자역학이 미시세계뿐만 아니라 거시세계에도 적용되기 시작함으로써 인간의 존재 양태가 확실성이 아니라 불확실성에 기반하고 있음을 주목한다. 인간뿐만 아니라 인간을 둘러싼 세계 역시 확률로 존재한다. 모든 것은 결정되어 있지 아니하며, 확률의 무한한 가능성을 품고 있는 것이 이 세계의 실체다. 무한한 가능성의 세계라면, 인간이라는 존재가 자본주의의 신민으로 전락하지 않는 세계가 가능하게 되며, 인간의 감정이 감정 자본으로 전락하지 않는 세계 역시 가능하게 된다. 그러한 세계는 확률로 '이미' 존재한다. 시인은 가능성들로 충만한 세계, 즉 붕괴되지 아니한 파동함수(확률)의 세계에 머물고자 한다. 그럼으로써 가능성의 세계를 향한 "믿음"과, "존재"가 아니라 "존재할 확률로 퍼져 있"는 "불확실성의 이름"으로, 이 세계에 "출현"하게 될 시를 감행하고 있는 것이다.

그렇다. 박윤우의 시는 불확실성의 이름으로 출현한 정동의 시다. 그의 시는 감정 자본이 아니라, 이 세계의 소외된 정동들을 껴안는다. 소외된 정동들을 시스템의 오류를 통해 폭로하고 기록함으로써, 마침내 신체 외부로 이끌어내는 시적 행위가 박윤우 시인의 정치성이다. 시인은 시스템의 공식 기록에 맞서는 대항-기록(counter-archive)으로써 자신의 시적 세계를 구축하고자 하며, 이 대항-기록 안에서 쓸모없는 정동들이 스스로의 정치성을 확보하여 시스템의 가치를 전복하는 저항의 현실을 추구한다. 박윤우의 시는 시적 기록의 행위 자체가 저항의 구심력을 생성한다는 점에서 감정 자본을 겨냥하는 첨예한 정치성을 획득하게 되는 것이다.

시와반시 기획시인선 034
감정 물리학_E404

펴낸날 | 2025년 10월 1일 초판 1쇄

지은이 | 박윤우
펴낸이 | 강현국
펴낸곳 | 도서출판 시와반시

등록 | 2011년 10월 21일 등록(제25100-2011-000034호)
주소 | 대구광역시 수성구 지산로 14길 83, 101-2408호
전화 | 053) 654-0027
전송 | 053) 622-0377
전자우편 | khguk92@hanmail.net

ISBN 978-89-8345-168-2 03810

*이 책 내용의 전부 또는 일부를 재사용하려면 반드시 저작권자와 시와반시사 양측의 동의를 받아야 합니다.
*잘못 만들어진 책은 바꾸어 드립니다.